Teddy's Campingfahrt

Bilder von Anny Hoffmann

Knapp nach einem Bärenjahr
sind die zwei ein frohes Paar.
Heiter, mit Gesang und Klang
gehen sie den Weg entlang.

Zwerge, Häschen gratulieren,
alle Vögel musizieren.
Der Kuckuck ruft und in der Luft
liegt ein süßer Blumenduft.

Und nun geht's auf Hochzeitsreise.
Jeder reist auf seine Weise.
Autofahren wär' bequem,
mit dem Rad ist's doppelt schön.

Beide haben viel zu schleppen,
doch zum Glück sind keine Treppen.
Ist das schwer! Jetzt wird es Zeit.
Aufgepackt, es ist so weit.

„Teddy, schau wie schnell ich bin!“
Munter fahren sie dahin.
Auf zur schönen Campingfahrt!
War das nicht ein guter Start?

Vorwärts gehts mit frischem Mut,
auch die Sonne meint es gut.
Klein-Teddinchen singt und lacht,
weil das Fahren Freude macht.

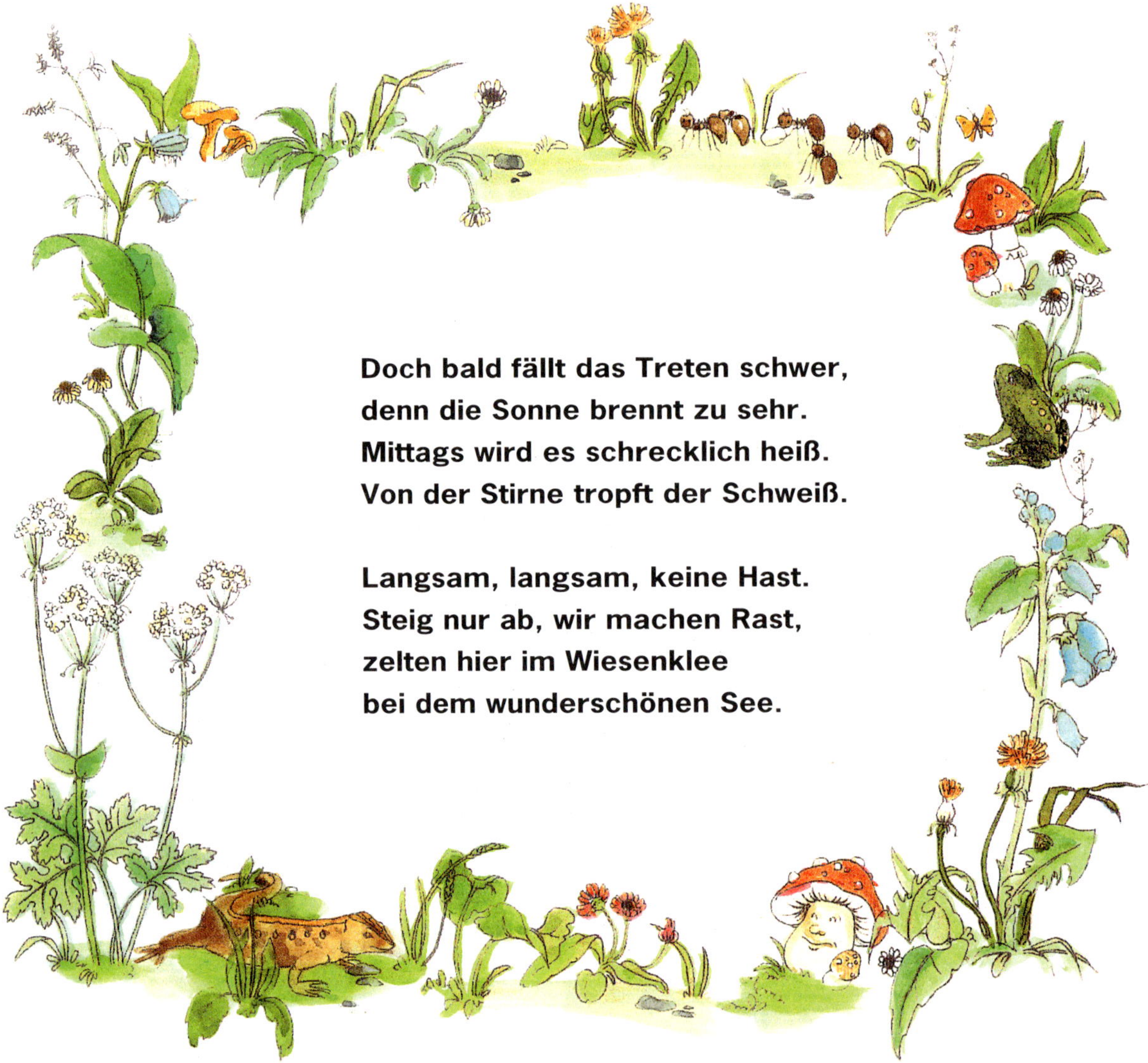

Doch bald fällt das Treten schwer,
denn die Sonne brennt zu sehr.
Mittags wird es schrecklich heiß.
Von der Stirne tropft der Schweiß.

Langsam, langsam, keine Hast.
Steig nur ab, wir machen Rast,
zelten hier im Wiesenklee
bei dem wunderschönen See.

Keine Zeit um Auszuruhn,
denn jetzt gibt es viel zu tun.
„Du wirst sehn, das rote Zelt
habe ich gleich aufgestellt.“

Teddy hämmert nach der Reih,
einmal schlägt er knapp vorbei –
auf die Pfote – ach herrje –
und das tut ihm schrecklich weh.

Teddybär hört auf zu pochen.
Er will eine Suppe kochen.
Wiesenkräuter, Rahm und Ei,
Bärenlauch ist auch dabei.

Springt ein Frosch umher im Gras,
denkt erstaunt: Was ist denn das?
Hopp, springt er an Teddys Kopf
und schon fliegt der Suppentopf.

Beide Teddybären murren.
Ihre Bärenmägen knurren.
Komm, wir spielen Federball!
Hin und her und noch einmal!

Plötzlich kommt ein Hund daher.
Dieses Spiel gefällt ihm sehr.
Wuff! Er schnappt und hat ihn schon,
trägt den Federball davon!

Rasch ging dieser Tag vorbei,
furchtbar müde sind die zwei.
Zwar ist noch kein Stern zu sehen,
doch sie wollen schlafen gehen.

Teddy will ins Zelt hinein,
doch er hat die Schnur am Bein.
Und schon schwankt es sehr – rabum –
und die Wände fallen um.

„Komm, wir legen uns zur Ruh!
Deck dich mit dem Zeltdach zu!“
Ihnen ist das einerlei –
viel zu müde sind die zwei.

Die Grille zirpt. Im Mondenschein
schlafen beide endlich ein,
atmen tief und brummen leise,
träumen von der großen Reise.

Im Auftrag hergestellte Sonderausgabe
Gesamtherstellung: G & G Buchproduktion, Hollabrunn